Karolina Fell • Bettina Friedenberg • Peter Müller

Brandenburg an der Havel

Gestern und heute – eine Gegenüberstellung

Wartberg Verlag

Historische Ansichtskarten erhalten Sie im Original bei:
Versandhandel für alte Ansichtskarten
Walter Dienger
Rathausplatz 3
79576 Weil am Rhein
Telefon (07621) 78422, Fax (07621) 793173

Fotonachweis:
Historische Fotos: Wartberg Verlag
Aktuelle Fotografien: Peter Müller, Berlin

1. Auflage 2001

Satz und Layout: Typographische Dienste U. Weiss, Borken (Hessen)
Druck: Werbedruck GmbH Horst Schreckhase, Spangenberg
Buchbinderische Verarbeitung: Buchbinderei Büge, Celle

34281 Gudensberg-Gleichen, Im Wiesental 1
Telefon (0 56 03) 9 30 50
www.wartberg-verlag.de
ISBN 3-8313-1160-9

Vorwort

Sie trägt nicht nur den gleichen Namen wie das Bundesland, in dem sie liegt, sie ist zugleich auch dessen älteste Stadt: Brandenburg an der Havel. Spuren der wechselvollen Geschichte finden die Besucher fast in jeder Straße, beinahe an jeder Ecke. Zum Entdecken gehört jedoch ein wenig Zeit und auch Aufmerksamkeit. Denn beim bloßen Durchfahren Brandenburgs könnte ein Eindruck entstehen, welcher der Stadt nicht gerecht wird, sondern eher das ihr anhaftende Klischee der tristen, grauen Stahlwerkerstadt verstärken würde. Wer die Stadt von ihrer schönsten Seite kennen lernen möchte, sollte sie zu Fuß erkunden: Mittelalterliche Gebäude und Kleinodien, Renaissancebauten und beispielhafte Bauwerke der Moderne (etwa das Fontanehaus an der Jahrtausendbrücke oder das Hallenbad im Bauhausstil) gilt es zu entdecken. Die vielen romantischen Wasserarme in der Stadt laden zu erholsamen Spaziergängen ein, die verwunschenen Wälder inmitten einer reizvollen Seenlandschaft zu ausgedehnten Wanderungen.

Die Geschichte Brandenburgs beginnt im Winter 928/29: Soldaten des deutschen Königs Heinrich I. erobern den Fürstensitz der Heveller (westslawische Stodorani) – die auf einer Insel gelegene Brandenburg. Aber erst 170 Jahre später endet der Einfluss der Heveller in der Region. Albrecht der Bär, der sich später Markgraf von Brandenburg nennt, übernimmt 1157 endgültig die Macht. Ab 1165 lässt er den Dom errichten – das bis heute bedeutendste Bauwerk der Stadt. Die Burginsel wird zur Dominsel.

Nicht nur die Domgemeinde beginnt zu wachsen. Noch im 12. Jahrhundert entstehen beiderseits der Havel zwei eigenständige Siedlungen, die sich beide Brandenburg nennen. Bis ins 15. Jahrhundert sind die alte und die neue Stadt Brandenburg die wichtigsten Städte der Mark zwischen Elbe und Oder. Sie sind Mitglied der Hanse, haben Zollfreiheit, Handels- und Münzrecht und mit dem Brandenburger Schöppenstuhl auch die oberste Gerichtsbarkeit. Auf fast alle märkischen Städte (auch auf Berlin, das zu der Zeit kaum mehr als ein Fischerdorf ist) wird das Brandenburger Stadtrecht übertragen. Die St. Gotthardtkirche, die St. Katharinenkirche, das Altstädtische Rathaus und die Stadtbefestigungsanlagen zeugen noch heute vom damaligen Reichtum und der Bedeutung der Stadt. Seine herausragende Stellung verliert Brandenburg erst im 16. Jahrhundert, mitverursacht durch den 30-jährigen Krieg, zahlreiche Epidemien und die Wahl Berlins zur Residenzstadt der Hohenzollern. 1715 befiehlt der preußische König Friedrich Wilhelm I. die Vereinigung von Alt- und Neustadt. Dennoch bleibt Brandenburg im Schatten von Berlin und Potsdam, verliert 1816 seinen kreisfreien Rang. Erst mit der Industrialisierung ab Ende des 19. Jahrhunderts gewinnt Brandenburg wieder an Bedeutung. Textilbetriebe siedeln sich an, eine Spielwarenfabrik entsteht, später kommt mit den Brennaborwerken (Fahrräder, Kinderwagen) metallverarbeitendes Gewerbe dazu. Ab 1912 wird Brandenburg zur Stahlarbeiterstadt; Rudolf Weber lässt ein Stahl- und Walzwerk errichten. Der Weg des Wirtschaftsstandortes ist vorgezeichnet.

Nach 1933 wird Brandenburg zu einem Rüstungszentrum ausgebaut: Die Brennaborwerke bauen jetzt auch Autos und Motorräder, die Arado Flugzeugwerke entstehen, die Adam Opel AG produziert in Brandenburg Lastkraftwagen, Panzerteile werden bei Mittelstahl hergestellt und in den Havelwerken Flakgeschütze. Mehr als 12000 Kriegsgefangene und Zwangsarbeiter werden während des Zweiten Weltkrieges in der Brandenburger Industrie eingesetzt. Jeder Zehnte stirbt. Auch das Zuchthaus Brandenburg-Görden gelangt zu traurigem Ruhm: 1700 politisch Verurteilte werden dort hingerichtet. Kein Wunder, dass Brandenburg verstärkt von den Alliierten bombardiert wird. Nach Ende des Krieges sind 70 Prozent der Industriegebäude und etwa 15 Prozent der Wohnhäuser zerstört. In den 50er Jahren wird in Brandenburg vom damaligen DDR-Regime die traditionelle Industrie wieder aufgebaut: Ein Stahl- und Walzwerk wird errichtet (es bleibt bis 1993 in Betrieb), metallverarbeitende- und Textilindustrie entsteht.

Seit 1990 gehört Brandenburg zu den ersten fünf Städten der ehemaligen DDR, die als Modellstädte vom Bundesbauministerium finanziell für die städtebauliche Erneuerung gefördert werden. Das Resultat kann sich sehen lassen: Die lange Zeit graue Stadt hat sich gemausert, ist inzwischen zum Denkmal im Landschaftsraum Havel geworden. Rund 400 Gebäude der drei historischen Stadtkerne Dominsel, Altstadt und Neustadt sind saniert. Einige Straßenzüge wie etwa die Stein- oder die Ritterstraße sind beinahe komplett wieder hergestellt. Ebenso die Hauptstraße, in der Straßencafés zum Verweilen und der Fritze-Bollmann-Brunnen zum Staunen einladen. Brandenburg ist heute wieder eine der wichtigsten Industriestädte des Landes und knüpft auch in anderer Hinsicht an eine alte Tradition an: Das Brandenburgische Oberlandesgericht hat seinen Sitz wieder dort und außerdem die Fachhochschule Brandenburg.

Historische Postkartenmotive und aktuelle Fotos zeigen in diesem Buch, wie sich in Brandenburg an der Havel Vergangenheit und Zukunft vergleichbar oder auch völlig unterschiedlich begegnen.

Karolina Fell • Bettina Friedenberg

Panorama

Ein erhöhter Standpunkt bietet einen fantastischen Blick über die gesamte 80 000-Einwohner-Stadt. Beim genauen Betrachten der malerischen Silhouette sind viele Details zu entdecken. Die mittelalterliche Stadtanlage beeindruckt mit ihren verschachtelten Straßenzügen, Häusern und Wasserwegen. Darüber hinaus schweift der Blick über die Grenzen der Stadt bis in die Fernen der schönen Seen- und Wälderlandschaft.
Über das genaue Alter der Stadt streiten sich bis heute die Gelehrten. Zwar feierten die Havelstädter bereits 1928/29 den tausendsten Stadtgeburtstag, in der festen Überzeugung, Heinrich I. habe im Winter 928/29 das heutige Brandenburg gegründet. Jedoch fand sich dafür kein konkreter Beweis. Später vertraute man lieber auf eine Urkunde aus dem Jahre 948, die Brandenburg erstmals erwähnt. Erst vor kurzem zog ein Potsdamer Wissenschaftler diese Urkunde in Zweifel: Er behauptet, das Dokument sei rückdatiert und erst 965 unterzeichnet worden.

Dominsel

Mehrere Brücken führen zum beeindruckendsten und berühmtesten Ensemble der Stadt: der Dominsel. Im Dombereich haben manche Gebäude die Zeiten überdauert. Dazu gehören Teile des Prämonstratenserklosters aus dem 13. und 14. Jahrhundert, die im Laufe der Jahrhunderte unterschiedliche Funktionen erfüllten. So wurde die Domklausur mit den üblichen Räumen eines Klosters wie Auditorium, Bibliothek oder Dormitorium später umgebaut und bis 1937 als Schule genutzt. Dazu kommen die Kurien, die Wohnhäuser der Domherren und die ehemalige Dompropstei.

Vom Ursprungsbau des Doms, der im 10. Jahrhundert vermutet wird, haben sich keine Zeugnisse erhalten und auch der Dom des 12. Jahrhunderts wurde in mehreren Etappen verändert. Sein jetziges Aussehen wurde weitgehend im 14. und 15. Jahrhundert gestaltet. Aber auch damals gab es ähnliche Probleme wie heute: Das Geld war knapp. Die Westfassade musste bis ins 17. Jahrhundert auf ihre Fertigstellung und einen steinernen Turm warten. Der berühmte Baumeister Karl Friedrich Schinkel wirkte 1835 mit Zugankern im Inneren der Kirche den statischen Schäden entgegen, die durch frühere Umbauten entstanden waren. Der Dom birgt zahlreiche kunsthistorische Kleinodien. An lauen Sommerabenden erklingt regelmäßig die berühmte Orgel von 1723 bei künstlerischen Konzerten. Die stimmungsvolle Atmosphäre der gesamten Dominsel erleben die Besucher, aus welcher Richtung sie auch immer kommen, erst, nachdem sie auf ihrem Weg dorthin die alten Mühlen passiert haben, die noch immer an den Havelanstau des 12. Jahrhunderts erinnern.

Neustädter Markt

Von Marktatmosphäre kann auf dem Neustädter Markt zur Zeit nun wirklich nicht die Rede sein: Während früher dort regelmäßig Korbwaren und andere Dinge des täglichen Bedarfs zum Verkauf angepriesen wurden, hat der Platz heute nur noch eine herausragende Bedeutung – er dient als Parkplatz. Das soll sich jedoch ändern: Mitten auf dem Platz befindet sich eine große Baugrube. Dort stand einst das Neustädtische Rathaus, und dort soll in Zukunft das Einkaufszentrum Rathausgalerie seine Pforten öffnen. Auch wenn Baugruben im Allgemeinen für den Betrachter nicht sonderlich spannend sind – diese bietet Außergewöhnliches. Denn als sie ausgebaggert wurde, stießen die Bauarbeiter auf altes Mauerwerk. Zutage gekommen waren Reste einer 3 000 Jahre alten Siedlung. Die Holzpfosten und Gruben waren für die Stadtarchäologen der erste Beweise einer Besiedlung des Gebiets in der Jungsteinzeit. Zudem waren Fundamente des alten Rathauses und der Markthalle mit Viehstall aus dem 14. Jahrhundert entdeckt worden. Gebäudegrundrisse, Tonscherben und was sich noch an archäologischen Schätzen fand, sind inzwischen im Landesmuseum ausgestellt.

Neustädter Rathaus

Wo einst das imposante Rathaus der Neustadt Besucher und Einwohner Brandenburgs beeindruckte, klafft seit Kriegsende eine riesige Baulücke. Der in der ersten Hälfte des 14. Jahrhunderts entstandene Backsteinbau (im 18. Jahrhundert war er verputzt worden), fiel einem Bombardement im letzten Kriegsjahr zum Opfer. Zum Glück war der Brandenburger Roland, der seit 1716 seinen Platz vor diesem Rathaus hatte, rechtzeitig in Sicherheit gebracht worden. Das mittelalterliche Standbild überstand den Zweiten Weltkrieg unbeschadet und ist seit 1946 vor dem Rathaus der Altstadt zu bewundern. Die Schatten spendenden Markisen der zahlreichen Geschäfte in der Steinstraße, die direkt auf das Neustädter Rathausportal zuführte, weckten sicher bei so manch einem Vorbeigehenden die Neugier auf das, was sich wohl hinter den Schaufenstern verbarg. Obwohl in der Steinstraße viele Gebäude mit ihren individuellen Fassadengestaltungen erhalten geblieben sind, wird im Vergleich der historischen und der aktuellen Aufnahme ein interessanter Effekt städtebaulicher Architektonik sichtbar. Während das ältere Foto dazu einlädt Haus für Haus mit dem Auge abzuwandern, wird auf dem neuen Bild die Sicht direkt in die Ferne geleitet. Der Grund dafür liegt darin, dass die frühere optische Begrenzung fehlt.

Am Kopfende der Steinstraße, wo seinerzeit das Portal des Neustädtischen Rathauses den Blick begrenzte, kann der Besucher heute den gesamten Neustädter Markt übersehen. Es ist allerdings momentan noch ein recht trauriger Anblick, der in erster Linie über parkende Autos und eine große Baugrube schweift. Bei der Neugestaltung des

Platzes war vor einigen Jahren sogar der Wiederaufbau des historischen Rathauses in Betracht gezogen worden. Inzwischen steht jedoch fest: Auf dem zentralen Platz wird ein Einkaufszentrum entstehen, das auch Teile der Stadtverwaltung beherbergen soll. Zumindest dessen Name – Rathausgalerie – wird an die Vergangenheit erinnern.

12 Kurfürstenhaus

Kurfürstenhaus

Einladende Bogengänge und ein überaus prächtiger Giebel: Auf den Anblick des Kurfürstenhauses, das an der Steinstraße/ Ecke Hauptstraße stand, müssen Besucher Brandenburgs heute leider verzichten. Das ansehnlichste mittelalterliche Bürgerhaus der Stadt wurde, wie viele andere der umliegenden Bauwerke und das gegenüberstehende Neustädtische Rathaus, in den letzten Tagen des Zweiten Weltkrieges komplett zerstört. Nur wenige Schritte von der St. Katharinenkirche entfernt, beherbergte das Kurfürstenhaus seinerzeit mehrere Geschäfte. Über mangelnde Laufkundschaft hatten die Geschäftsinhaber damals sicher keine Klagen. Lud doch die Atmosphäre am Neustädter Markt viele Menschen zum Flanieren ein. Heute wollen vermutlich aber nur wenige an diesem Ort verweilen. Nichts erinnert mehr an das nach seinem Besitzer Storbecksches Haus genannte, aber unter dem Namen Kurfürstenhaus bekannt gewordene Bauwerk. Die Lücke wurde nach dem Krieg mit einem funktionalen Plattenbau gefüllt. Auch auf der gegenüberliegenden Seite an der Steinstraße ersetzt ein solches Bauwerk die einstige Gründerzeit-Architektur. Die Stadtväter hoffen jedoch, den Platz durch die Neubebauung des Neustädter Marktes wieder beleben zu können. Dort soll ein Einkaufszentrum entstehen.

St. Annenstraße

Vor dem Zweiten Weltkrieg war die St. Annenstraße die bedeutendste Geschäftsstraße Brandenburgs. Aufwändige Fassaden, Markisen, die Geschäftsauslagen beschatteten, im Stil der Zeit äußerst dekorativ gestaltete Straßenlampen machten den Einkauf und das Flanieren zum Vergnügen. Der Blick auf die heutige Straßensituation kann fast wie ein Schock wirken. Nachdem fast alle Gebäude der St. Annenstraße ein Opfer der letzten Kriegstage wurden, hat sich ihr Gesicht radikal verändert. Auch die Investition in modernste Häuser konnte nicht verhindern, dass die ehemalige Prachtstraße nun die ungemütliche Atmosphäre geschäftsmäßiger Funktionsbauten ausstrahlt.

Von der ehemaligen urbanen Attraktivität ist nichts geblieben und so beeilt sich wohl heute fast jeder Besucher, die St. Annenstraße möglichst schnell wieder zu verlassen.

Schon bevor in der St. Annenstraße eine Straßenbahntrasse gelegt wurde, war sie ein Zentrum geschäftlichen und sozialen Lebens. Ab dem Neustädter Markt, der mit Rathaus und Roland auch das Verwaltungszentrum bildete, hatten sich viele Einzelhändler und Dienstleister an diesem attraktiven Standort niedergelassen. Der lebendige Charme der Vergangenheit ist verschwunden. Von der Zerstörung der Häuser im Bombenhagel, mit der gleichzeitig die Existenzen der Geschäftsleute und die Aufenthaltsqualität der Straße vernichtet wurde, erholte sich die St. Annenstraße nicht mehr. Bis heute vermittelt sie ein Gefühl für die tiefen Wunden, die der Krieg einer Stadt zufügen kann.

Hauptstraße

Quer durch das Zentrum der Neustadt führt die Hauptstraße. Die lebendige, verkehrsberuhigte Geschäftsstraße lädt mit Cafés und Geschäften zum Bummeln und Verweilen ein. Zuweilen kommt eine Straßenbahn vorbei. Die Bahnen fahren in Brandenburg seit über hundert Jahren und beweisen sich auch heute noch als praktisches Verkehrsmittel, dessen Schienen aber schon manchem Radfahrer zum Verhängnis wurden.

Vom Neustädter Markt bis zur Einmündung Wollenweberstraße verbreitert sich die Hauptstraße und trug in diesem Bereich deshalb früher den Namen Paradeplatz. Ein paar Schritte weiter lag die Grenze der mittelalterlichen Neustadt. Der Torturm, der an dieser Stelle stand, wurde 1805 abgetragen. Davon, dass das Gebiet zwischen Torturm und Havel ehemals Venedig hieß, weil sich die Häuser auf Pfählen über den sumpfigen Grund erhoben, ist ebenfalls nichts mehr zu spüren. In Richtung Jahrtausendbrücke, die Alt- und Neustadt verbindet, wird die Hauptstraße immer schmaler, bis es am Ende erstaunlich scheint, dass hier zwei Straßenbahnzüge aneinander vorbeifahren können.

PICARD

Fritze Bollmann.

In Brandenburg uff'n Beetzsee, da steht een Fischerkahn,
und darin sitzt Fritze Bollmann mit seinem Angelkram.

Fritze Bollmann wollte angeln, da fiel die Angel rin,
Fritze Bollmann wollt se' langen, da fiel er hinterdrin.

Fritz Bollmann schrie um Hilfe, liebe Leute, rettet mir,
denn ich bin ja Fritze Bollmann, aus der Altstadt der Barbier.

Nur die Angel ward gerettet, Fritze Bollmann, der versuff,
und seitdem jeht Fritze Bollmann uff'n Beetzsee nich mehr ruff.

Fritze Bollmann kam in'n Himmel: „Lieber Petrus, laß mir durch,
denn ick bin ja Fritze Bollmann, der Barbier aus Brandenburg."

Und der Petrus ließ sich rühren und sprach: „Bollmann, komm man rin,
hier jibts och wat zu balbieren, komm man her und seef mir in."

Fritze Bollmann, der balbierte, Petrus schrie: „Oh, Schreck und Graus,
tust mir schändlich massakrieren, det hält ja keen Deibel aus."

„Uff de jroße Himmelsleiter kannste widder runter jehn,
kratz man unten feste weiter, ick laß mir'n Vollbart stehn."

Bollmann-Brunnen

Ein angenehmer Zeitgenosse war er wahrscheinlich nicht: Fritze Bollmann. Als trinkfreudig und cholerisch wurde er seinerzeit beschrieben – und ging als Brandenburger Original in die Annalen der Stadt ein. Noch heute erinnert ein kleiner Brunnen in der Hauptstraße an den einstigen Barbier. Elf Kinder hatte Bollmann, aber acht von ihnen waren schon früh gestorben. Oft versuchte der schmächtige Mann seine Sorgen im Wirtshaus zu ertränken. Der Legende nach fiel er – vielleicht nach so einem Besuch – beim Angeln in den Beetzsee und ertrank. Tatsächlich starb Bollmann (geboren 1852 in Magdeburg) erst 1901 an Krebs im damaligen Städtischen Krankenhaus am Altstädter Markt. Ein Fünkchen Wahrheit steckt dennoch in der Legende: Bollmann war einst tatsächlich in den See gestürzt und hatte dies einem seiner Kunden erzählt. Der Bericht machte die Runde – und ihn zur Spottfigur. Kinder nahmen die peinliche Geschichte zum Anlass, ein Lied über Fritze Bollmann zu dichten. Die bissigen Verse waren bald auch überregional bekannt. 1924 entwarf der Brandenburger Bildhauer Carl Lühnsdorf den heute in der Hauptstraße stehenden Brunnen, auf dessen Beckenrand die acht Strophen des Spottliedes nachzulesen sind.

St. Katharinenkirche

Hoch über die Dächer der Neustadt erhebt sich der 72,5 Meter hohe Turm der St. Katharinenkirche. Das beeindruckende sakrale Bauwerk nahe des Neustädter Markts ist über stimmungsvolle Gässchen zu erreichen. Auf dem idyllischen Platz vor der Kirche findet regelmäßig ein kleiner Markt statt.

Die Kirche ist ein überragendes Zeugnis der märkischen Backsteingotik. Über den Resten des Ursprungsbaus aus dem 13. Jahrhundert errichtete der Stettiner Baumeister Hinrich Brunsberg ab 1395 das imposante Gotteshaus. Mit der künstlerischen Gestaltung der Außenfassaden durch glasierte Backsteine und reichem figürlichem Schmuck beeindruckt das Werk Brunsbergs bis heute alle Kenner. Eine heftige Sturmnacht des Jahres 1582 ließ den Doppelturm einstürzen, der bei seinem Fall auch den Glockenstuhl und das Kirchendach zerschlug. Es galt als ein Wunder, dass drei Kirchenmusikanten, die in der Turmwohnung des Kunstpfeifers schliefen, das Unglück fast unverletzt überlebten. Zehn Jahre dauerte es, bis der neue Turm mit einer achteckigen Turmhaube fertig gestellt war. Der Frieden der Kirche währte bis ins 20. Jahrhundert, als ihre kostbaren Fenster bei Luftangriffen im Zweiten Weltkrieg zerstört wurden. Erst knapp vierzig Jahre später wurden diese von einer Berliner Kunstglaserei ersetzt. Gegenwärtig finden erneut umfangreiche Restaurierungen statt.

20 Abtstraße

Abtstraße

Der Blick von der Abtstraße in Richtung St. Paulikloster zeigt auf frappierende Weise die dramatischen Zerstörungen des Zweiten Weltkriegs. Nur die Abmessungen der Straße und die Baulinie der Häuser blieben weitgehend erhalten. Im Hintergrund erhebt sich die Ruine der Klosterkirche wie ein Mahnmal.

Das historische Foto zeigt die vielfältige Fassadengestaltung einer gewachsenen Straße. Im Kontrast dazu steht die gegenwärtige Bebauung: Die im Krieg zerstörten Gebäude wurden ersetzt und erinnern in ihrer Gestaltung an stalinistischen Zuckerbäckerstil. Während in der Abtstraße früher auch einige Geschäfte ansässig waren, hat sie sich heute in eine ruhige Wohnstraße verwandelt. Sie endet auf dem Platz vor der Kirchenruine, der mit Skulpturen und neuer Baumbepflanzung von den Bemühungen um eine neue, ansprechende Gestaltung des Platzes zeugt.

St. Paulikloster

Im Bereich des ehemaligen St. Pauliklosters geben Rekonstruktionsarbeiten allenthalben Zeugnis von dem großen Engagement, das in Erhalt und Wiederaufbau des Objektes investiert wird.
Die Klosterkirche St. Pauli wurde von Dominikanern, deren Klostergebäude dicht beim Gotteshaus standen, Mitte des 14. Jahrhunderts vollendet. Schon knapp hundert Jahre später beendete die Reformation das klösterliche Gemeinschaftsleben. St. Pauli wurde 1565 evangelische Pfarrkirche und die Klostergebäude wurden von der Stadt als Armenhaus, Hospital und Altersheim genutzt. Ende des Zweiten Weltkrieges wurde das gesamte Ensemble, das als eines der romantischsten in Brandenburg galt, nahezu vollständig vernichtet. Die Maßnahmen der 60er Jahre zur Sicherung der wenigen erhaltenen Gebäudeteile konnten weitere Zerstörungen nicht aufhalten.
Die aktuelle Rekonstruktion wird noch einige Jahre in Anspruch nehmen. Doch schon heute bringen Konzerte und andere Veranstaltungen den kulturhistorisch bedeutenden Ort im Übergang von Verfall zum Wiederaufbau auf beeindruckende Weise zur neuer Geltung.

Uferweg

Verträumt und romantisch ist der Blick auf das St. Paulikloster noch heute vor allem vom Kanal aus. Wie das Kloster selbst wurde auch das Gebäude rechts daneben im Zweiten Weltkrieg zerstört. Heute steht an seiner Stelle ein modernes Senioren-Wohnheim. Und nicht nur dessen Bewohner nutzen gern die Spazierwege beiderseits des träge dahinfließenden Wassers zum Entspannen und Betrachten. Denn unter den großen alten Bäumen zeigt sich die Stadt Brandenburg von einer besonders friedlichen, ruhigen Seite. Während auf der einen Seite die alte Klostermauer Blicke fernhalten soll, ziehen prachtvolle Bauwerke auf der anderen Seite des Kanals sie geradezu magisch an. Wer dem Weg in Richtung Westen folgt, gelangt automatisch zum mittelalterlichen Steintorturm und kann wenige Meter weiter mit ein wenig Glück sogar Zeuge werden, wie kleine Segelboote die Sperrschleuse passieren.

Steintorturm

Auch der Steintorturm in der Neustadt ist ein Zeugnis für die mittelalterliche Wehrfähigkeit der Stadt Brandenburg. Der Schutz- und Verteidigungscharakter des 28,5 Meter hohen Baus aus dem 15. Jahrhundert zeigt sich in mehr als drei Meter dicken Mauern in der Basiszone und dem bis auf Schießscharten und Lichtluken geschlossenen Mauerwerk. Von den früher sechs Stockwerken haben sich vier erhalten. Rund- und Wappenblenden zieren den Turm zusammen mit glasierten Steinen. Der Wehrumgang, über dem sich ein kegelförmiges Helmdach erhebt, ist von einem zinnenartigen und mit Verblendungen geschmückten Mauerabschluss umgeben.

Als einziger der vier Brandenburger Tortürme hat der Steintorturm der Neustadt eine neue Bestimmung gefunden. Schon 1887 erhielt der historische Verein von der Stadt Brandenburg die Erlaubnis, den Turm für Sammlungszwecke zu nutzen. Inzwischen ist er zum Ausstellungsort des Brandenburger Museums geworden.

Sperrschleuse

Zahlreiche Gräben und Kanäle in der Stadt verleihen Brandenburg besonderen Charme. Am Steintorturm in der Neustadt liegt eine der Schleusen, deren Geschichte von der Bedeutung der Wasserwege erzählt. Durch die Kesselschleuse am Steintor bewegte sich von 1550 bis 1883 fast der gesamte Havel-Schifffahrtsverkehr. Die Entwicklung von Industrie und damit verbunden der Anstieg der Frachtschifferei überstieg schon 1860 die Kapazitäten der Kesselschleuse. Einige der breit und flach gebauten Kähne konnten die enge Toranlage nicht passieren. Die Schleuse wurde 1920 für Sportboote umgebaut und 1996 vom Wasser- und Schifffahrtsamt erneuert. Die Stadtschleuse Brandenburg eröffnet seit den 20er Jahren begeisterten Wassersportlern den reizvollen Weg durch die Stadt.

Grabenpromenade

Die Grabenpromenade gehört zu den schönen und erholsamen Parkanlagen im Herzen der Stadt. 1836 angelegt, führt sie von der Steintorbrücke bis zur Gerbergasse. Noch heute sind entlang der Promenade Teile der mittelalterlichen Stadtmauer zu sehen. Nach 1945 entstand dort auch ein Brandenburger Theatergebäude. Im nördlichen Abschnitt bilden zwei Arme des Grabens eine Insel. Dort befinden sich Plastiken, die Portraits von Goethe und Schiller zeigen. Eine andere Plastik steht heute am Fuß des Marienbergs. Am südlichen Ende der Grabenpromenade legte die sowjetische Armee 1945 einen Ehrenfriedhof für gefallene Soldaten an. Ein Jahr später wurde dort zudem ein Obelisk errichtet. Immer noch erinnert diese Gedenkstätte an die Kämpfe des Zweiten Weltkrieges.

Jakobstraße

Die Jakobstraße beginnt beim Steintorturm am Rande der historischen Neustadt. Ihre historische Bebauung zeigt mehrgeschossige Gebäude im Stil der Gründerzeit, für die verspielt-phantasievolle Anleihen in der Baugeschichte, kleine Erker und Turmvorsprünge typisch sind. Damals entstanden im Zuge der Industrialisierung auch in Brandenburg viele neue Wohn- und Geschäftsgebäude. Die dichte Straßenbebauung und die Höhe der Häuser verliehen manchen Vierteln einen ganz neuen, städtischen Charakter. Auch in der Jakobstraße hat der Krieg viele Verwüstungen angerichtet. Von der einstigen Bebauung sind im Einmündungsbereich der Großen Gartenstraße nur die Gebäude auf der linken Seite erhalten. Richtung Steintorturm wurde in den letzten Jahren auf der rechten Seite ein Areal mit Bäumen und einem Brunnen geschaffen, das zum Verweilen einlädt.

Stadtbad

Mit dem Stadtbad besitzt Brandenburg ein gelungenes Zeugnis der architektonischen Neuen Sachlichkeit, die den Idealen des Dessauer Bauhauses folgte. Der Backsteinbau wurde 1930 fertig gestellt. Er besticht noch heute durch seine funktionsgebundene Form und die klare, völlig schnörkellose Fassadengliederung.

Seine Entstehung verdankt das Hallenbad den Plänen des Stadtbaurates Karl Erbs: Ein Wohlfahrtsforum sollte zur Verbesserung des Sport-, Gesundheits-, Wohn-, und Bildungsangebots in Brandenburg beitragen. Außer dem Schwimmbad entstanden das Haus der Krankenkasse und eine Turnhalle. Die Wohn- und Schulgebäude wurden nicht realisiert. Das Stadtbad bot den Brandenburgern eine Schwimmhalle, Wannenbäder, Duschen und eine Sauna. Das damals außerordentlich fortschrittliche Konzept beweist sich bis in die Gegenwart: Noch immer ist das Stadtbad in Betrieb.

Jahrtausendbrücke

Sie hatte schon viele Gesichter. Und über Jahrhunderte war sie die einzige Verbindung zwischen Altstadt und Neustadt – die „Jahrtausendbrücke“. Erst 1929, zur 1000-Jahr-Feier der Stadt, hat sie diesen Namen bekommen. Zuvor war sie für jedermann die „Lange Brücke“. Egal, wie auch immer sie aussah: Denn das jetzige Bauwerk ist der siebte Übergang an dieser Stelle über die Havel seit 1667.
Baufälligkeit hatte zum Ende des Vorgängermodells geführt. 1893 erbaut, sicherte es wie die vorherigen Bauwerke den Landverkehr zwischen beiden Stadtteilen. Allerdings nur am Tag. Denn nachts wurden stets die Klappen der Brücke hochgezogen, damit Schiffe passieren konnten. Nicht weit entfernt war zudem eine Dampferanlegestelle.
Ende April 1945 wurde die Brücke gesprengt, zwei Jahre später jedoch wieder hergerichtet. Aber der Zahn der Zeit nagte: Mehrere Tragfähigkeitsprüfungen hatten 1992 zur Folge, dass die Brücke für die Straßenbahn gesperrt wurde. Ein Jahr später folgte das Aus für alle übrigen Motorfahrzeuge. Abrissbirnen verrichteten schließlich im Frühjahr 1995 ihr zerstörerisches Werk.
Die Errichtung des Neubaus förderte eine kleine Sensation zu Tage. Das Untersuchen von Pfahlresten ergab: Schon um das Jahr 900, noch vor der Eroberung des slawischen Brandenburg durch Heinrich I., war dort eine Brücke errichtet worden – 300 Jahre früher als angenommen.
Eines hat das moderne Bauwerk mit dem ersten Brückenschlag gemeinsam: Es ist in erster Linie für Fußgänger (und für die Straßenbahn).

Saldernsches Realgymnasium und St. Johanniskirche

Der Ursprung der St. Johanniskirche reicht ins Jahr 1240 zurück, als das Franziskanerkloster in Ziesar nach Brandenburg umzog. Aus seiner einfachen Kirche entstand im 15. Jahrhundert die St. Johanniskirche mit ihrem schlanken Turm. In der Reformation wurde das Kloster aufgehoben. Die Kirche wurde ab 1687 von der evangelisch-reformierten Gemeinde genutzt. Der Zweite Weltkrieg zerstörte den Kirchenbau, dessen Ruine heute mit einem Notdach vor weiterem Verfall geschützt werden soll.
Nach dem Abriss der Klostergebäude im Jahr 1865 entstand auf dem Gelände nahe der Kirche das Saldernsche Realgymnasium. Die älteste Schule Brandenburgs, 1552 bei der St. Gotthardtkirche erbaut, benötigte ein neues Gebäude. Auch die Saldernsche Schule am Salzhofufer überstand den Zweiten Weltkrieg nicht.

Dampferanlegestelle

Im Mittelalter verlief in Brandenburg die Stadtmauer teilweise entlang der Havel. Ihre Unterbrechung am Salzhofufer wurde Salzpforte genannt, da sich hier ein bedeutender Platz für den Salzhandel befand. Während die Brandburger heute auf anderen Wegen an Salz kommen, hat sich dennoch eine Tradition am Salzhofufer erhalten. Die Dampferanlegestelle war ein stimmungsvoller Platz zur Entspannung und lud zu Schiffstouren über den Fluss und die zahlreichen Wasserarme der reizvollen Umgebung ein. In den Frühlings- und Sommermonaten zeigt die lebendige Fahrgastschifferei am Salzhofufer bis heute die ungebrochene Beliebtheit dieses Freizeitvergnügens.

Plauer Torturm

Der Plauer Torturm wurde im 15. Jahrhundert zum Schutz des Plauer Tores errichtet. Sein heutiges Aussehen verdankt er einer Erneuerung von 1928. Anlässlich der 1000-Jahr-Feier der Stadt wurde der teilweise eingestürzte Bau ausgebessert und mit einem filigranen Zinnenkranz, einem Kegeldach sowie einer stilisierten Blume auf dem First ausgestattet. Die Toranlage ist nicht erhalten, so dass der 17 Meter hohe Turm heute als eindrucksvoller Solitär wirkt. Der Plauer Torturm hatte aus Gründen der Sicherheit keinen ebenerdigen Zugang. Das erste Stockwerk war nur über den Wehrgang des Torbogens erreichbar, und in das Erdgeschoss musste man sich von innen hinablassen. Von Verteidigungsbereitschaft zeugen auch die fast vollständig geschlossenen Außenmauern, die allenfalls engen Schießscharten und Lichteinlässen Platz gewähren. Eine Ausnahme macht nur die auskragende Abortanlage in einigen Metern Höhe, bei deren Anblick man sich mittelalterliche Toilettenhygiene nur allzu gut vorstellen kann.

Die Tortürme waren durch die Stadtmauer verbunden. Ende des 19. Jahrhunderts wurde diese mittelalterliche Befestigung zwischen dem Plauer und dem Rathenower Torturm abgetragen. An Stelle der Stadtmauer, die ihre Schutzfunktion im Laufe der Zeiten verloren hatte, entstand die Wallstraße. Parallel zu ihr verläuft die Wallpromenade. Ursprünglich diente der aufgeschüttete Wall vor der Stadtmauer zwischen den beiden Türmen ebenfalls der Verteidigung. Im ersten Drittel des 19. Jahrhunderts wurde der Wall in eine schön angelegte Promenade verwandelt, die anfänglich durch Türen verschlossen werden konnte und heute zu den vielen erholsamen Spazierwegen der Stadt gehört.

Altstädtisches Rathaus

Das Rathaus der Altstadt ist ein Kleinod unter den weltlichen Bauten des Mittelalters. Zwischen 1450 und 1470 entstanden Rats- und Schreibstuben sowie ein reich mit Galerien und Treppen ausgestattetes hallenartiges Kaufhaus. Die Außenfassade erzählt mit ihrer reich gegliederten schmückenden Gestaltung, Kopfbildern bedeutender Bürger oder den Wappen der Handwerkszünfte, von der Baukunst und der Geschichte der Stadt. Nach der Zusammenlegung der zwei Brandenburger Städte wurde 1715 das Rathaus der Neustadt Sitz der Verwaltung. Das altstädtische Rathaus stand leer, bis Friedrich II. im Jahr 1753 die Nutzung als Fabrik anordnete. Die Zierformen des mittelalterlichen Baus verschwanden zum Teil unter Vermauerungen und Putz. Zwischen 1818 und 1863 diente das altstädtische Rathaus als Gerichtsgebäude und wurde anschließend von Militärbehörden genutzt. Anfang des 20. Jahrhunderts wurde es wegen Baufälligkeit geräumt. Nach dem Rückkauf ließ

die Stadt das Gebäude zwischen 1910 und 1912 restaurieren. Die prächtige mittelalterliche Fassade, die heute nicht nur Architekturfreunde begeistert, wurde dabei ebenfalls wieder freigelegt. Danach wurde der Festsaal zum Tagungsort der Stadtverordneten und der ehemalige Rathaustrakt des Gebäudes als Ratskeller eingerichtet. Noch heute dominiert das altstädtische Rathaus die Platzanlage. Das geschlossene Ensemble der Randbebauung macht es Besuchern trotz des Autoverkehrs leicht, sich die mittelalterliche Welt mit ihren Ratsherren und Handelsleuten vorzustellen, die damals den Platz um das Rathaus bevölkerten.

Roland

Um den Brandenburger Roland ranken sich viele Geschichten. Die 5,34 Meter hohe Ritterfigur aus Sandstein symbolisierte städtische Rechte und Freiheiten. Auch in anderen Städten, zum Beispiel in Bremen, haben sich mittelalterliche Rolandsäulen erhalten.

Angeblich sollen die Bürger der Brandenburger Altstadt einen ersten Roland aus Holz errichtet haben, den aber die Neustädter in ihren Stadtbereich entführten. Sicher ist, dass der steinerne Roland aus dem Jahre 1474 stammt. Er stand bis 1716 mitten auf dem neustädtischen Marktplatz und wurde dann vor das neustädtische Rathaus am Rande des Platzes versetzt, um mehr Raum für die Militärübungen Friedrich Wilhelm I. zu schaffen. Ende des Zweiten Weltkrieges trat der Roland einen neuen Weg an: Er wurde aus Sicherheitsgründen in einem Feld vergraben. Die Zerstörung des neustädtischen Marktes war Anlass, der Ritterfigur 1946 einen neuen Standort vor dem Rathaus der Altstadt zu geben, an dem sie bis heute steht.

Der eindrucksvolle Brandenburger „Riese" zeigt einen Ritter mit erhobenem Schwert, der ebenso viel Macht und Stärke wie Verteidigungsbereitschaft für die Stadtrechte ausdrückt. Wie wichtig die Symbolfigur war und ist, zeigt nicht nur die Auslagerung im Zweiten Weltkrieg, sondern auch die immer neuen Erhaltungs- und Restaurierungsmaßnahmen, an die Jahreszahlen auf den hinteren Stützpfeilern erinnern. Der gut erkennbare Donnerbart, der seit Generationen auf dem Haupt des Rolands wächst, ruft eine andere Tradition ins Gedächtnis: Die Pflanze soll vor Blitzschlag schützen und viele Menschen siedelten sie deshalb auf ihren Hausdächern an.

St. Gotthardtkirche

Das älteste Gebäudeteil Brandenburgs findet sich an der St. Gotthardtkirche. Das romanische Portal mit seinen typischen Rundbögen verweist auf Prämonstratenserkanoniker, die der Slawenfürst Pribislaw und Bischof Wigger im 12. Jahrhundert zur Ansiedlung eines Klosters am Fuß des Marienbergs gerufen hatten. Wie fast alle historischen Gotteshäuser erfuhr auch die St. Gotthardtkirche zahlreiche Umbauten. Die wichtigsten fanden im 13., im 15. und im 18. Jahrhundert statt. Nach der Einrichtung des Domkapitels auf der Dominsel und dem damit verbundenen Umzug der Prämonstratenser in den Dombereich verlor St. Gotthardt Ende des 12. Jahrhunderts seine zentrale Bedeutung.

Der idyllische Blick auf die Kirche hat sich bis heute erhalten. Das stille Sträßchen und das neu restaurierte kleine Fachwerkhaus tun ein Übriges, um auch hier einen der Brandenburger Spaziergänge in die Vergangenheit möglich werden zu lassen.

Rathenower Turm

Zu den beeindruckendsten Zeugnissen der Vergangenheit gehören in der Stadt Brandenburg die Tortürme. Die wehrhaften Gebäude dienten dem Schutz von Toranlagen, den wichtigsten Zugangsmöglichkeiten mittelalterlicher Städte. Jeweils zwei Türme sind in der Altstadt und der Neustadt erhalten geblieben.

Der altstädtische Rathenower Torturm wurde im 15. Jahrhundert errichtet und im 16. Jahrhundert verändert. Seitdem ist sein Aussehen mit einer Ausnahme weitgehend unverändert geblieben: 1911 wurde ein ebenerdiger Durchgang durch den zuvor geschlossenen Turm gebaut. Über dem viereckigen Grundriss erheben sich schlanke Blenden, die den trutzigen Turm optisch gliedern. Ein Effekt, der in größerer Höhe durch Maßwerkfriese, Wappen- und Rundblenden gesteigert wird. Der viergeschossige Bau wird von einem Wehrumgang und einem kegelförmigen Dach abgeschlossen. Die schmalen Schießscharten erinnern bis heute an die frühere Funktion des 28 Meter hohen Wehr- und Wachturmes.

Bergstraße

Prachtvolle Hausfassaden mit bauchigen schmiedeeisernen Balkonen säumen auf der einen Seite die abschüssige Bergstraße. Auf der anderen Seite schmiegt sich ein kleiner Park bis an den Gehweg und trennt die Wallpromenade vom Straßenzug. Westlich des historischen Altstadtkerns verläuft die Bergstraße am Marienberg, auf dem das städtische Klinikum Brandenburg liegt. In der Bergstraße selbst befindet sich das Marienkrankenhaus. Besucher können in der Bergstraße die Vergangenheit nahezu unverändert erleben. Die Bombardements des letzten Kriegsjahres haben Straße und Wohnhäuser von Verwüstung und Zerstörung verschont. Allenfalls neue Verkehrsschilder beeinträchtigen die Illusion der Zeitreise.

Krankenhaus

Das Brandenburger Krankenhaus erreicht man durch baumreiche Straßen an der Südseite des Marienbergs. Heute zeugt die Anlage mit zahlreichen Erweiterungsbauten vom Fortschritt der medizinischen Versorgung und dem Bevölkerungswachstum der Stadt. Das erste Krankenhaus an dieser Stelle wurde 1901 fertig gestellt. Der dreiflügelige Bau wirkte mit vorspringenden Veranden, einem Turm in der Mitte des Quergebäudes und dem parkartigen Hof, den die Gebäudeflügel umschlossen, nahezu herrschaftlich. Schon damals reagierte man mit dem seinerzeit hochmodernen Funktionsbau auf das Wachstum der Stadt: Zwischen 1865 und 1905 verdoppelte sich im Zuge der Industrialisierung die Einwohnerzahl Brandenburgs auf 51 000.

Bismarckwarte

Seit mehr als tausend Jahren ist der mit 79 Metern höchste Berg der Stadt Brandenburg mit der örtlichen Siedlungsgeschichte verbunden. Nach einem Heiligtum des slawischen Gottes Triglaw fand eine christliche Kirche hier ihren Platz, die im 13. Jahrhundert in eine bedeutende spätromanische Wallfahrtskirche umgewandelt wurde. Seitdem trägt die Erhebung den Namen Marienberg. In nachreformatorischer Zeit verfiel die Kirche zusehends und 1722 befahl der Preußenkönig Friedrich Wilhelm I. den Abriss. Steine der Marienkirche wurden anschließend bei der Errichtung des Potsdamer Militärwaisenhauses und des Brandenburger Frey-Hauses weiterverwendet.
Mitte des 19. Jahrhunderts wurde der Berg als Standort einer Telegrafenstation genutzt. Etwa um die gleiche Zeit begann ein Potsdamer Stadtrat, der sich für die Einrichtung von Park- und Grünanlagen engagierte, den kargen, baumlosen Hügel zu bepflanzen. Mit Geldern aus einer Stiftung konnte später fast der ganze Berg in einen Park verwandelt werden. Seit 1880 erinnerte ein Kriegerdenkmal auf der Kuppe an die Gefallenen der Mark Brandenburg. Das Denkmal wurde nach seiner Beschädigung im Zweiten Weltkrieg abgetragen. Am Hang des Berges entstand 1908 die Bismarckwarte. Das Monument aus märkischen Findlingen wurde 1958 in Friedenswarte umbenannt und die Büste Bismarcks von einer Friedenstaube abgelöst. Als offizieller Grund für die Sprengung der Bismarckwarte wurde 1973 Baufälligkeit angegeben.

Der Bau der neuen Friedenswarte war 1974 abgeschlossen. Der Aussichtsturm bietet mit einer Höhe von 32,5 Metern und seinen geschossartigen Plattformen in jeder Richtung einen idealen Blick über die Stadt und das Land Brandenburg.

Bahnhof

Mitte des 19. Jahrhunderts begann nicht nur die Ausdehnung der Stadt, sondern auch die Anbindung Brandenburgs an das Eisenbahnnetz: 1846 wurde die Eisenbahnlinie Berlin–Magdeburg in Betrieb genommen und zugleich der Brandenburger Hauptbahnhof seiner Bestimmung übergeben. Das Innere der Halle wurde im Laufe der Zeit mehrfach umgebaut. Dagegen relativ unverändert blieb jedoch bis heute die schmucke Fassade. Die Möglichkeiten des Bahnhofes änderten das gesamte Umfeld. Nach und nach entstand am Trauerberg die Bahnhofsvorstadt, gegen Ende des 19. Jahrhunderts wurden zudem die Fabrikgebäude des ehemals größten Brandenburger Betriebs errichtet – die Brennaborwerke. Ab 1904 ergänzte die Brandenburgische Städtebahn die Ost-West-Verbindung Berlin–Magdeburg und verband die Havelstadt mit Treuenbrietzen, Belzig, Rathenow und Neustadt (Dosse). Heute macht eine Fahrt mit einem Regionalexpress der Bahn die Reise von Brandenburg nach Berlin zu einem Katzensprung.

Vorstadtschleuse

Der Brandenburger Schiffsverkehr nahm im Zuge der Industrialisierung des 19. Jahrhunderts enorm zu. Die Brennaborwerke, die Spielzeugfabrik Lehmann und später ein Stahl- und Walzwerk sowie die Lastwagenfabrik der Adam Opel AG gehören zu den bekanntesten Betrieben, die den Industriestandort Brandenburg prägten. Der Wasserweg wurde immer stärker für die Zulieferung von Materialien und Rohstoffen, aber auch für den Transport der gefertigten Produkte genutzt. Mit der Eröffnung der großen Krakauer Vorstadtschleuse 1883 erhielt die Stadt einen dringend notwendigen Wasserweg mit ausreichenden Kapazitäten für die Bedürfnisse der Industrie. Pflege und Wartung der Schleuse waren ebenso aufwendig wie anstrengend: Bis 1955 wurde die Schleusenkammer per Hand bedient. Im Jahre 1970 wurde eine neue Erweiterung notwendig.

Kaffeehaus Görden

Außerhalb der belebten Stadt Brandenburg lud schon seit 1860 das „Kaffeehaus Görden“ zum Verweilen ein. Das einstige Forsthaus der Altstadt war als Ausflugsgaststätte umfunktioniert und verpachtet worden: Idyllisch gelegen unter Schatten spendenden alten Bäumen, ausgestattet mit einem lauschigen Pavillon und zahlreichen Tischen, war das Kaffeehaus eins der beliebtesten Ausflugslokale der gesamten Umgebung. Im Sommer nutzten zudem viele Badegäste das am Gördensee errichtete Gartenlokal, labten sich bei Kaffee und Kuchen oder kalten Getränken. Ab 1912 wurde es noch einfacher, das schöne Café im Grünen zu erreichen: Eine Straßenbahnhaltestelle ist bis heute dort in Betrieb. Noch immer bietet das Waldcafé großen Erholungswert. Die idyllische Lage konnte ihren Charme erhalten – mit vielen Sitzplätzen im Freien unter schönem altem Baumbestand, Enten und Ziegen auf einer Wiese direkt daneben und einem kleinen Kinderspielplatz in Sichtnähe. Die umliegenden Wälder laden zu entspannenden Spaziergängen oder längeren Wanderungen ein. Und anschließend stärkt man sich – heute wie damals – gern mit einem kleinen Imbiss im romantischen Ausflugslokal.

Neue Mühle

Vor den Toren der Stadt Brandenburg, inmitten eines herrlichen märkischen Kiefernwaldes gelegen, findet sich die Neue Mühle. Vor allem als Ausflugsziel ist die historische Mühle bei den Brandenburgern sehr beliebt. Ab Wilhelmsdorf führt ein deutlich markierter Wanderweg dorthin, aber natürlich kann man auch mit dem Auto anreisen. Erstmals erwähnt wurde die Neue Mühle 1386. Einst war dort eine Befestigungsanlage errichtet worden – als vorgeschobenster Posten der Brandenburger Neustadt, der insbesondere Überfälle aus dem Raum Magdeburg aufhalten sollte. Der Wartturm direkt neben dem Mühlenturm erinnert noch heute an diese längst vergangenen Zeiten. Viele Besucher kommen aber wahrscheinlich weniger wegen der Vergangenheit, als vielmehr wegen des kulinarischen Angebots. Denn vor 1996 wurde genau dort, wo schon früher ein beliebtes Ausflugslokal war, ein neues Gasthaus errichtet, mit Sonnenterrasse, Biergarten, Abenteuerspielplatz und Fischteichen. Gebaut hat diese „Neue Mühle“ übrigens der Filmproduzent Horst Wendtland.

Weitere Bücher aus dem Wartberg Verlag

Bettina Friedberg und Matthias Ohnsmann
Zeitreise durch Berlin und Brandenburg
Ausflüge in die Vergangenheit
88 S., geb., Farbfotos
(ISBN 3-86134-331-2)

Hans G. Kohnke und Jutta Zahmel
Brandenburg – wie es früher war
72 S., geb., zahlr. S/w-Fotos
(ISBN 3-925277-94-3)

Kristina Hübener, Katharina Jantzen, Uwe Schieferdecker und Julius H. Schoeps
Potsdam – Gestern und heute
Eine Gegenüberstellung
60 S., geb., zahlr. Farb- und S/w-Fotos
(ISBN 3-86134-408-4)

Helgard Behrendt
Ost-Berlin – Bewegte Zeiten –
Die 50er und 60er Jahre
72 S., geb., zahlr. hist. S/w-Fotos
(ISBN 3-86134-344-4)

Lars-Holger Thümmler
Berlin-Pankow – wie es früher war
Historische Fotografien
72 S., geb., zahlr. S/w-Fotos
(ISBN 3-86134-339-8)

Lars-Holger Thümmler
Berlin-Pankow – Bewegte Zeiten –
Die 50er und 60er Jahre
72 S., geb., zahlr. hist. S/w-Fotos
(ISBN 3-86134-373-8)

Willy Wosny
Meine Begebenheiten im 20. Jahrhundert
Der Autor erzählt von seiner Kindheit in Berlin, von schweren Kriegsjahren, von der Gefangenschaft – aber auch von alltäglichen und schönen Erinnerungen.
144 S., geb., S/w-Fotos
(ISBN 3-86134-998-1)

Rainer Kolitsch
Berlin-Weißensee –
wie es früher war
Historische Fotografien
72 S., geb., zahlr. S/w-Fotos
(ISBN 3-86134-340-1)

Claus-Dieter Sprink
Köpenick – wie es früher war
Historische Fotografien
72 S., geb., zahlr. S/w-Fotos
(ISBN 3-86134-338-X)

Bärbel Ruben
Berlin-Hohenschönhausen –
wie es früher war
Ein Stadtbild vergangener Tage
72 S., geb., zahlr. hist. S/w-Fotos
(ISBN 3-86134-532-3)

Wartberg Verlag GmbH & Co. KG
Im Wiesental 1 · 34281 Gudensberg-Gleichen · Telelefon: (0 56 03) 9 30 50 · Fax (0 56 03) 30 83
www.wartberg-verlag.de